1900 - Novembre - 9

VENTE

du Vendredi 9 Novembre 1900

HOTEL DROUOT, SALLE N° 6

à deux heures

TABLEAUX ANCIENS

Primitifs du XVe Siècle

Me P. CHEVALLIER, commissaire-priseur

MM. FÉRAL père et fils, experts

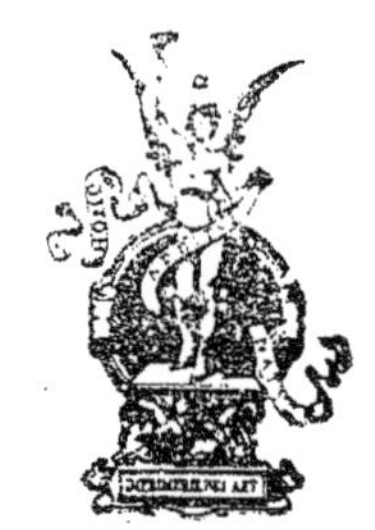

CATALOGUE

DES

TABLEAUX ANCIENS

DES ÉCOLES

ALLEMANDE, FLAMANDE, HOLLANDAISE & ITALIENNE

Primitifs du XVe Siècle

PAR OU ATTRIBUÉS A

LANCELOT BLONDEEL, CRANACH, VAN EYCK, FRANCIA
VAN DER HELST, LONGHI, J. DE MABUSE, MANTEGNA, MEMLING
Q. METSYS, GÉRARD DAVID
MURILLO, VAN ORLEY, PALAMÈDES, LE PÉRUGIN, PORBUS
RUBENS, ROGIER VAN DER WEYDEN

Appartenant à M. X...

Et dont la Vente aura lieu

HOTEL DROUOT, SALLE N° 6

Le Vendredi 9 Novembre 1900

à deux heures

COMMISSAIRE-PRISEUR	EXPERT
Me PAUL CHEVALLIER	**MM. FÉRAL Père et fils**
10, rue Grange-Batelière, 10	54, faubourg Montmartre, 54

EXPOSITION PUBLIQUE

Le Jeudi 8 Novembre 1900, de 1 h. 1/2 à 5 h. 1/2

CONDITIONS DE LA VENTE

Elle sera faite au comptant.

Les acquéreurs payeront *cinq pour cent* en sus des prix d'adjudication.

Paris. — Imp. de l'Art, E. MOREAU ET Cie, 41, r. de la Victoire.

DÉSIGNATION

BLONDEEL (Attribué à Lancelot)

1 — *La Vierge et l'Enfant Jésus entourés de saints personnages.*

La Vierge portant l'Enfant sur ses genoux est assise sur un trône doré près de sainte Anne. Devant elles une jeune sainte agenouillée.

A gauche, saint Joseph et saint Liévin.

A droite, saint Georges et saint Joachim.

Bon et intéressant tableau sur bois.

Haut., 60 cent.; larg., 1 m. 44 cent.

CARRACHE (Attribué à Annibal)

2 — *Madeleine.*

CRANACH (Lucas)

3 — *Le Christ enfant et saint Jean-Baptiste.*

Saint Jean agenouillé devant Jésus qui le bénit, tient la croix de la main gauche. Auprès d'eux, l'agneau pascal.

Signé à gauche du dragon ailé et daté 1534.

Bois. Haut., 35 cent.; larg., 24 cent.

DAVID (Attribué à Gérard)

4 — *La Passion.*

Bon petit triptyque cintré dans le haut.

Bois. Haut., 23 cent.; larg., 33 cent.

EYCK (École des Van)

5 — *Sainte Catherine.*

Figure debout sur un fond de paysage. Cadre ogival.

Bois. Haut., 27 cent.; larg., 12 cent.

FRANCK LE VIEUX

6 — *La Résurrection du Christ.*

Triptyque avec volets représentant des figures de saintes et portant des armoiries sur les faces extérieures.

Peinture sur bois avec rehauts d'or.

Haut., 46 cent.; larg., 67 cent.

FRANCIA (Genre de)

7 — *La Vierge au livre.*

GIMPOLT GELTINGER (?)

8 — *L'Adoration des Mages.*

Vers le fond, un château et un paysage avec des constructions.

Beau et intéressant tableau.

Bois. Haut., 73 cent.; larg., 73 cent.

HELST (Genre de B. VAN DER)

9 — *Portrait d'homme à collerette.*

LEYDE (École de LUCAS)

10 — *Scènes de la Passion.*

Trois tableaux faisant suite.

LONGHI (PIERRE)

11 — *Scène de bal masqué.*

MABUSE (Attribué à JEAN DE)

12 — *La Mise au tombeau.*

Composition de huit figures avec fond de paysage accidenté.

Bois. Haut., 61 cent.; larg., 41 cent.

MABUSE (Attribué à JEAN DE)

13 — *Vierge et Enfant Jésus tenant un collier de perles.*

MANTEGNA (École d'ANDREA)

14 — *La Vierge et l'Enfant Jésus.*

La Vierge assise sur un trône tient l'Enfant Jésus, debout sur ses genoux.

A droite et à gauche, fond de paysage.

Bois. Haut., 1 m. 13 cent.; larg., 84 cent.

MANTEGNA (Genre de)

15 — *La Mise au tombeau.*

Bois. Haut., 68 cent.; larg., 1 m. 01 cent.

MANTEGNA (Genre de)

16 — *Le Jugement de Pâris.*

MARATTI (Genre de CARLO)

17 — *Le Christ au tombeau.*

MEMLING (Genre de JEAN)

18 — *La Résurrection du Christ.*

Le Christ disparaît à mi-corps dans un

nuage ; la Vierge, saint Jean et les disciples agenouillés et les mains jointes lèvent les yeux vers le ciel.

Fond de paysage.

Bois. Haut., 38 cent.; larg., 19 cent.

MEMLING (Genre de Jean)

19 — *La Vierge portant l'Enfant Jésus.*

Jolie peinture sur fond d'or.
Bois cintré dans sa partie supérieure.

Haut., 20 cent.; larg., 19 cent.

METSYS (Genre de Quentin)

20 — *Le Vieux Philosophe.*

MOLENAER (Attribué à Nicolas)

21 — *Portraits d'Homme et de Femme.*

Deux petits pendants sur bois.

MORO (Genre d'Antonio)

22 — *Portrait d'Homme vêtu de noir.*

MURILLO (École de)

23 — *Femme et Enfants.*

MURILLO (École de)

24 — *La Vierge, l'Enfant Jésus et saint Jean.*

ORLEY (Attribué à Bernard Van)

25 — *La Madeleine.*

Assise dans une grotte, vêtue d'un voile transparent et d'une draperie rose.

Beau tableau.

Bois. Haut., 90 cent.; larg., 72 cent.

ORLEY (Genre de B. Van)

26 — *Le Calvaire.*

Triptyque avec volets ornés de figures de saints.

Sur les faces extérieures, saint Nicolas et saint Arnoult peints en grisaille.

Bois. Haut., 67 cent.; larg., 1 m. 05 cent.

PALAMÈDES (Attribué à)

27 — *Portrait d'un Officier en armures, portant un col de dentelle.*

PANINI (Genre de)

28 — *Monuments au bord de la mer.*

PÉRUGIN (École du)

29 — *La Vierge, l'Enfant Jésus tenant un chardonneret et saint Jean.*

Fond de paysage.

Bois de forme ronde.

Diam., 87 cent.

PORBUS (École de)

30 — *Portrait d'un jeune Gentilhomme.*

RAPHAEL (École de)

31 — *Portrait d'un jeune Chevalier.*

RAPHAEL (École de)

32 — *La Vierge et l'Enfant Jésus entourés d'Anges.*

REMBRANDT (École de)

33 — *Un Philosophe.*

REMBRANDT (D'après)

34 — *Portrait d'Homme.*

ROSA (Salvator)

35 — *Combat de cavaliers auprès d'une ville incendiée.*

ROSA (Salvator)

36 — *Choc de cavalerie.*

RUBENS (École de)

37 — *Portrait d'un Gentilhomme.*
Petite peinture en grisaille.

RUBENS (École de)

38 — *Suite de six portraits d'Empereurs romains.*

RUBENS (École de)

39 — *Dieu le Père et le Saint-Esprit.*

RUBENS (École de P.-P.)

40 — *Guerrier en buste.*

RUBENS (École de)

41 — *La Mise au tombeau.*

RUBENS (École de)

42 — *Sainte Famille avec saint Jean-Baptiste et un agneau.*

RUBENS (École de)

43 — *L'Amour vainqueur du Démon.*

RUBENS (École de)

44 — *Le Baptême.*

RUBENS (D'après)

45 — *Mars et Vénus.*

TENIERS (Genre de David)

46 — *Paysan tenant un balai.*

TITIEN (École du)

47 — *La Vierge, l'Enfant Jésus, saint Jean et sainte Anne.*

VAN DYCK (Genre d'Ant.)

48 — *Le Christ en croix, entouré d'anges.*

VALENTIN (Genre de)

49 — *L'Arracheur de dents.*

VECELLI (Attribué à François)

50 — *Un Camp.*

VÉRONÈSE (École de Paul)

51 — *Soumission d'un Seigneur vénitien.*

VÉRONÈSE (École de Paul)

52 — *Le Cheval de Troie.*

VÉRONÈSE (École de Paul)

53 — *Sainte Famille.*

WEYDEN (Attribué à Rogier Van der)

54 — *Le Christ descendu de la Croix.*

Bois. Haut., 49 cent.; larg., 31 cent.

VOS (Attribué à Paul de)

55 — *Chiens et Léopard.*

ÉCOLE ALLEMANDE (xve siècle)

56 — *Saint en extase devant une figure d'ange soulevée dans les airs.*

Fond de paysage avec bergers et animaux.

A l'horizon, un cours d'eau bordant des montagnes fleuries.

Bon tableau en excellent état de conservation.

Bois. Haut., 47 cent.; larg., 34 cent.

ÉCOLE FLAMANDE (XVe SIÈCLE)

57 — *Le Calvaire.*

La Vierge, saint Jean et sainte Madeleine sont au pied de la croix.

Au premier plan, trois saints personnages, dont saint Michel terrassant le démon.

Vers le fond, une troupe de soldats et la perspective d'une ville fortifiée.

Paysage avec rochers. Beau et important tableau en bon état de conservation.

Bois. Haut., 1 m. 25 cent.; larg., 80 cent.

ÉCOLE FLAMANDE (XVe SIÈCLE)

58 — *Saint Christophe.*

Il est représenté sur les eaux portant le Christ.

A ses côtés, deux moines nimbés.

Bois. Haut., 55 cent.; larg., 34 cent.

ÉCOLE FLAMANDE (XVe SIÈCLE)

59 — *Episodes de la vie de saint Aubin.*

Deux panneaux à double face.

Peintures à la détrempe fixées au vernis.

Haut., 56 cent.; larg., 50 cent.

ÉCOLE FLAMANDE (XVe SIÈCLE)

60 — *Le Calvaire.*

Bois. Haut., 42 cent.; larg., 23 cent.

ÉCOLE FLAMANDE (XVe SIÈCLE)

61 — *Adam et Eve chassés du Paradis terrestre.*

Bois. Haut., 38 cent.; larg., 21 cent.

ÉCOLE FLAMANDE (XVIe SIÈCLE)

62 — *Le Christ entre la Vierge et saint Jean.*

Dans les nues, deux figures d'anges.

Bois. Haut., 19 cent.; larg., 14 cent.

ÉCOLE FLAMANDE (XVIe SIÈCLE)

63 — *Le Christ à la colonne.*

ÉCOLE FLAMANDE (XVIe SIÈCLE)

64 — *L'Adoration des Bergers.*

ÉCOLE FLAMANDE

65 — *Madeleine.*

ÉCOLE FLAMANDE

66 — *Saints personnages.*

Deux volets à double face.

ÉCOLE FLAMANDE

67 — *Le Christ entouré des anges et de la Madeleine.*

ÉCOLE FLAMANDE

68 — *Un saint Ermite.*

ÉCOLE FLORENTINE (XVe SIÈCLE)

69 — *La Vierge entourée d'anges.*

Peinture sur bois avec rehauts d'or.

ÉCOLE FLORENTINE (XVe SIÈCLE)

70 — *La Vierge et l'Enfant Jésus.*

Fond de paysage.

ÉCOLE FLORENTINE (XVe SIÈCLE)

71 — *Scène mystique.*

Bois. Haut., 61 cent.; larg., 52 cent.

ÉCOLE FRANÇAISE

72 — *Portrait d'Homme faisant un geste vers la gauche.*

ÉCOLE FRANÇAISE

73 — *Jésus et la Samaritaine.*

ÉCOLE HOLLANDAISE (XVIe SIÈCLE)

74 — *La Circoncision.*

Triptyque avec volets ornés de figures de nombreux donateurs.

Bois. Haut., 67 cent.; larg., 1 m. 05 cent.

ÉCOLE ITALIENNE (XVe SIÈCLE)

75 — *Le Christ ressuscitant et soutenu par un ange.*

Peinture sur bois avec rehauts d'or.

ÉCOLE ITALIENNE (XVIe SIÈCLE)

76 — *La Cène.*

Panneau.

ÉCOLE ITALIENNE

77 — *Les quatre Évangélistes.*

Deux peintures sur fond d'or.

ÉCOLE ITALIENNE

78 — *Portrait d'Homme, la main appuyée sur un livre.*

ÉCOLE ITALIENNE

(DEUX PENDANTS)

79 — *Paysages avec cours d'eau et rochers.*

ÉCOLE ITALIENNE

80 — *Andromède.*

ÉCOLE ITALIENNE

81 — *Philosophe tenant une tête de mort.*

ÉCOLE ITALIENNE

82 — *Saint Thomas voyant les plaies du Christ.*

ÉCOLE ITALIENNE

83 — *Martyre chrétien.*

ÉCOLE TOSCANE (XVe SIÈCLE)

84 — *La Vierge, l'Enfant Jésus et saint Jean.*

Fond d'or.

Peinture sur bois, cintrée dans la partie supérieure.

Bois. Haut., 62 cent.; larg., 39 cent.

ÉCOLE TOSCANE (XVe SIÈCLE)

85 — *La Vierge et l'Enfant Jésus.*

Peinture avec rehauts d'or.

Bois. Haut., 26 cent.; larg., 19 cent.

ÉCOLE VÉNITIENNE (XVIe SIÈCLE)

86 — *Le Christ portant la croix, et sainte Véronique.*

Bois. Haut., 53 cent.; larg., 57 cent.

ÉCOLE VÉNITIENNE

87 — *Le Saint Esprit descendant sur les apôtres.*

Important panneau.

88 — *Sous ce numéro qui sera divisé, environ soixante tableaux anciens de diverses écoles.*

www.ingramcontent.com/pod-product-compliance
Ingram Content Group UK Ltd.
Pitfield, Milton Keynes, MK11 3LW, UK
UKHW020539180726
13839UKWH00006B/2599

9 782329 514918